目次

まえがき……………………………………………………………………………… 3

第1章 発見表の基礎知識
1. 売買ポイント発見表と株価変動周期発見表の見方・使い方
   - (1) 売買ポイント発見表の用語解説……………………………………… 4
   - (2) 現物銘柄日足売買ポイント発見表…………………………………… 4
   - (3) 現物銘柄週足売買ポイント発見表…………………………………… 4
   - (4) 信用銘柄日足売買ポイント発見表…………………………………… 4
   - (5) 信用銘柄週足売買ポイント発見表…………………………………… 4
   - (6) 株価変動周期発見表…………………………………………………… 4
   - (7) 売買ポイント発見表・株価変動周期発見表の凡例………………… 5

第2章 罫線の基礎知識
2. 相場罫線紙／陰線・陽線の表示
   - (1) 相場罫線紙について…………………………………………………… 6
   - (2) 十進法断続棒グラフの表示…………………………………………… 6
   - (3) 出来高と信用取組の対象表示………………………………………… 6
   - (4) 図表………………………………………………………………………… 7

第3章 転記・表示の仕方
3. 現物銘柄（日足・週足）売買ポイント発見表・相場罫線紙への転記例
   - (1) 業界紙からの転記………………………………………………………… 8
     東証一部より転記する場合の注意
     日足から週足売買ポイント発見表に転記
   - (2) 売買ポイント発見表から相場罫線紙に表示………………………… 9
     値動きはイカリ足で表示
   - (3) 十進法断続棒グラフの表示…………………………………………… 9
     出来高の表示

4. 信用銘柄（日足・週足）売買ポイント発見表・相場罫線紙への転記例
   - (1) 業界紙からの転記……………………………………………………… 10
     日足出来高の週間合計高を算出して記入
   - (2) 売買ポイント発見表から相場罫線紙に表示………………………… 11
     二市場の銘柄を同一線上に表示

第4章 発見表の活用
5. 現物銘柄（日足・週足）売買ポイント発見表の算出例
   - (1) 大証一部で取引………………………………………………………… 12

　　　　　　移動平均・指標の算出
　6．信用銘柄（日足・週足）売買ポイント発見表の算出例
　　(1) 日足（東証一部で取引）……………………………… 13
　　(2) 週足（　〃　　　）……………………………… 14
　7．株価変動周期発見表の算出例
　　(1) 安値と高値の平均……………………………………… 13

第5章　相場術の図式体得の補完
　8．利食い成功へのメッセージ
　　(1) 相場罫線紙の表示のアドバイス……………………… 15
　　(2) 数的法則性活用の心理………………………………… 15
　　(3) 適正多数資料の必要性………………………………… 15
　　(4) 売買の決断と実行……………………………………… 16
　　(5) 株価急上昇パターンの裏側…………………………… 16
あとがき……………………………………………………………… 17
　　　　現物銘柄日足売買ポイント発見表8枚綴り
　　　　現物銘柄週足売買ポイント発見表4枚綴り
　　　　信用銘柄日足売買ポイント発見表8枚綴り
　　　　信用銘柄週足売買ポイント発見表4枚綴り
　　　　株価変動周期発見表4枚綴り
　　　　相場罫線紙20枚綴り

は　じ　め　に

　この相場罫線紙は、新聞などの業界紙からの株式情報（始値・高値・安値・終値・出来高）を「信用銘柄（日足・週足）売買ポイント発見表」や「現物銘柄（日足・週足）売買ポイント発見表」に転記して、値動きと出来高の関係の流れを追及しながら、ポイント発見して、融資が貸株の何倍であるか表示したり、又値動きと出来高の移動平均や指標を算出したりして、相場罫線紙にローソク足やイカリ足で値動きを表示し、かつ、出来高・貸株・融資などを表示して、相場の図式体得を容易にし、しかも、銘柄の総合的な動きが、合理的究極に相関的に表示できるものです。

　出来高と値動きの急騰・急落を一早く予知するには、業界紙からの株式情報を売買ポイント発見表や相場罫線紙に弾力的に表示することです。そうすると、そこに一定の法則性が発見でき、この法則性を自分のものとして、弾力的（仕手筋の資金集めの予定変更による値動きと出来高の急変が、自己発見の法則性と相違した場合の臨機応変）に活用することです。

　本誌ご使用により、売りや買いのタイミングの確率を高めることが培われることは、大変嬉しいことであり、これからの株式投資に大いに役立つことを、ご期待申し上げております。

第1章　発見表の基礎知識

1．売買ポイント発見表と株価変動周期発見表の見方・使い方

(1) 売買ポイント発見表の用語解説

　　㊡……………信用銘柄
　　㊩……………現物銘柄

東証一部の現物兼大証信用の銘柄を東証で扱う時は、㊩の箇所に「東一」と表示し、信の箇所に「大」と参考的に表示します。二部銘柄は、現の箇所に「東二」等と表示します。

　　㊛……………決算期

有配株は、名義書換のために浮動株が減少して値上がりする場合が多いです。

　　㊝……………幹事証券

「野村が上がれば………」もあるように、幹事証券は案外重要です。

　　発行済3％………発行株式総数の3％

日足の出来高が、発行済株式総数の3％以上の時は、一応の売り時の目安でしょう。これは、浮動株が3～7％程度であることと利食い売りの集中度によります。

(2) 現物銘柄日足売買ポイント発見表

これは、毎日、現物銘柄の日足を業界紙から転記して、値動きと出来高の関係の流れを追及しながらポイント発見する数字体得です。

(3) 現物銘柄週足売買ポイント発見表

これは、毎週末、現物銘柄の週足を上記の(2)又は業界紙から転記して、値動きと出来高の移動平均及び指標を算出します。

出来高（D）の移動平均を3週と6週で算出して、指標Dを求めます。

$$D = \frac{D_3 - D_6}{D_3} \times 100$$

次に、高値と安値の平均値に出来高を掛た移動平均の3週と6週を算出して、指標DTYを求めます。

$$DTY = \{\frac{D_3(T_3 + Y_3) \div 2}{D_6(T_6 + Y_6) \div 2} - 1\} \times 100$$

そして、指標Dと指標DTYが安値圏と高値圏に該当する箇所をチェックして、右端の買い場または売り場の欄に〇印を表示していけば、指標の数字に一定の基準が出来ますから、〇印の連続箇所の指標から買い場または売り場を選択できます。

(4) 信用銘柄日足売買ポイント発見表

これは、毎日、信用銘柄の日足を業界紙から転記して、値動きと出来高と貸株と融資の関係の流れを追及しながらポイントを発見し、倍率は、融資が貸株の何倍であるかを表示します。

　　注　倍率は、小数点以下2位の四捨五入で充分です。

(5) 信用銘柄週足売買ポイント発見表

これは、毎週末、信用銘柄の日足又は業界紙から転記して、値動き、出来高の移動平均や高値と安値の平均値に出来高を掛た移動平均を求め、前述の指標DTY及び売り残買い残などの移動平均を算出し、指標UKと指標DUKを次式で算出します。

$$UK = \{\frac{K_3 - U_3}{K_6 - U_6} - 1\} \times 100$$

$$DTY = \frac{UK}{D} \quad 又は \quad \frac{D}{UK}$$

(6) 株価変動周期発見表

これは、高値又は安値から次の高値又は安値までの週間数と値幅に一応の目安を立てるための資料にします。

業種別・系列別などに分けて多数作成してまとめると、株価の変動周期・高値時・安値時などの不揃いから高値の順番がわかり、相場の資金の流れの大要がわかります。

これから対応可能な銘柄を厳選すれば、買いから売り・売りから買いへの資金の流れに次々と乗って行きやすくなります。こうして、焦りやいら立ちによる「あわて買い」などを防ぐ心構えを培い、先の安値覚えに基く買い逃しや先の高値覚えに基く売り逃しを防ぎます。

現物／信用銘柄日足売買ポイント発見表

大証一部で取引する意味

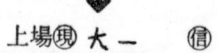

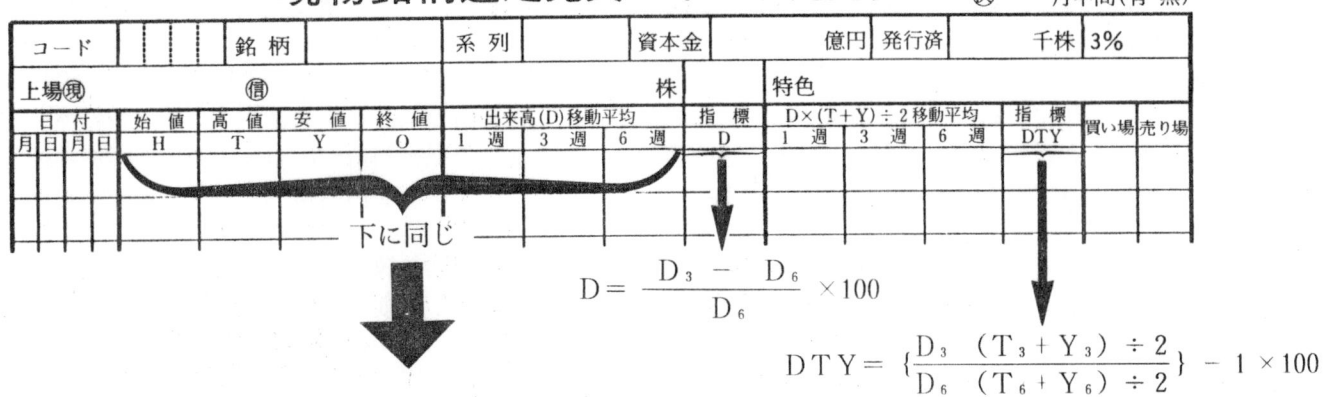

現物銘柄日足売買ポイント発見表

上場㊐ 大一 ㊒

コード		銘柄		系列		資本金	億円	発行済3%	千株	㊋	月中間(有・無)	㊎	日興 大和							
日付		始値	高値	安値	終値	出来高	日付		始値	高値	安値	終値	出来高	日付		始値	高値	安値	終値	出来高
月	日	H	T	Y	O	D	月	日	H	T	Y	O	D	月	日	H	T	Y	O	D

業界紙から毎日転記

東証一部で取引、
又は値動きの意味

信用銘柄日足売買ポイント発見表

コード		銘柄		系列		資本金	億円	発行済3%	千株	㊋	月中間(有・無)	㊎		上場㊒ 東一 ㊐															
日付		始値	高値	安値	終値	出来高	貸株(L)			融資(F)			倍率	日付		始値	高値	安値	終値	出来高	貸株(L)			融資(F)			倍率		
月	日	H	T	Y	O	D	新規	返済	現在	新規	返済	現在		月	日	H	T	Y	O	D	新規	返済	現在	新規	返済	現在			

業界紙から毎日転記

売り時、買い時の増減数を記入する。

現物／信用銘柄週足ポイント発見表

現物銘柄週足売買ポイント発見表

㊋ 月中間(有・無)

コード				銘柄		系列			資本金			億円	発行済		千株	3%	
上場㊐				㊒				株		特色							
日付				始値	高値	安値	終値	出来高(D)移動平均			指標	D×(T+Y)÷2移動平均			指標	買い場	売り場
月	日	月	日	H	T	Y	O	1週	3週	6週	D	1週	3週	6週	DTY		

下に同じ

$$D=\frac{D_3-D_6}{D_6}\times 100$$

$$DTY=\left\{\frac{D_3\ (T_3+Y_3)\div 2}{D_6\ (T_6+Y_6)\div 2}\right\}-1\times 100$$

信用銘柄週足売買ポイント発見表

上場㊒	㊐	株	特色	
発行済 千株	3%	㊋ 月中間(有・無)		

コード				銘柄		系列		資本金			億円																
日付				始値	高値	安値	終値	出来高(D)移動平均			指標	D×(T+Y)÷2移動平均			指標	売り残(U)			買い残(K)			指標	指標	買い場	売り場		
月	日	月	日	H	T	Y	O	1週	3週	6週	D	1週	3週	6週	DTY	1週	3週	6週	1週	3週	6週	UK	DUK				

$$D=\frac{D_3-D_6}{D_6}\times 100$$

3週・6週分の平均を記入

後からわかる反省材料でなく、次週をにらむ決心の印を記入するところ。

$$DUK=\frac{D}{U\ K}$$

6週分の平均を記入する

3週分の平均を記入する（後頁参照）

$$UK=\left\{\frac{K_3-U_3}{K_6-U_6}-1\right\}\times 100$$

毎週末の業界紙より転記する。
週足がなければ日足の週間合計を転記する。

毎週業界紙より転記

週間数を記入

株価変動周期発見表

コード		週間	☒																			
銘柄		月日																				
資本金	億円	高値																				
発行済	千株																					
3%		月日																				
値幅約	円	安値																				
上場 ㊐																						
㊒		週間	☒																			

ポイント発見表から転記

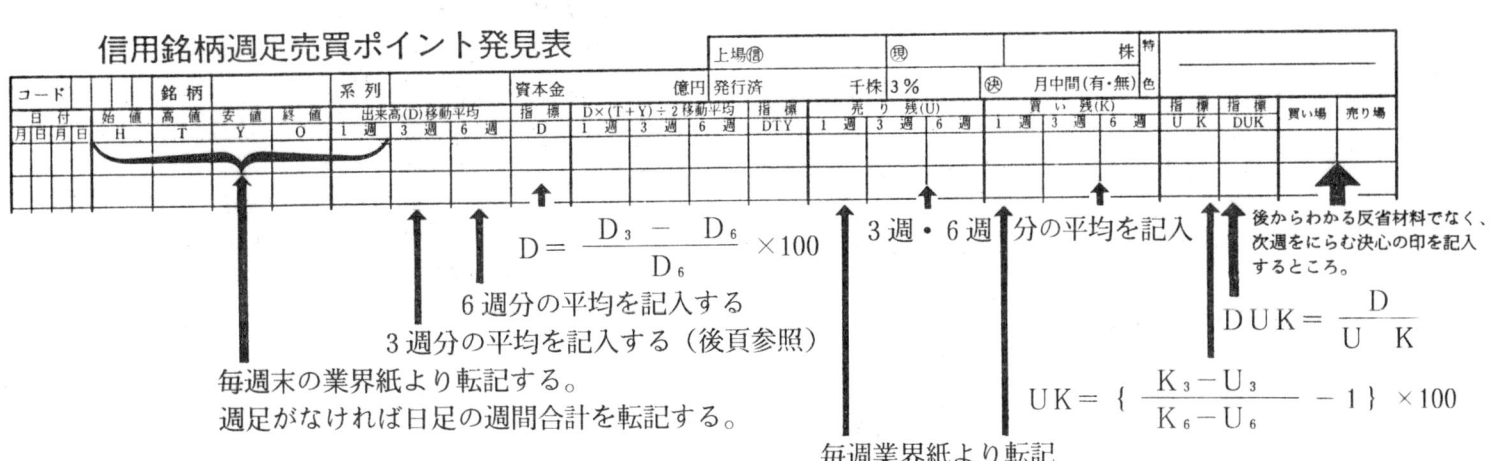

この表に出た高値と安値を折線グラフにして、比較すれば資金の流れの複雑の波が明確に表示できます。

第2章 罫線の基礎知識

2．相場罫線紙／陰線・陽線の表示

(1) 相場罫線紙について

　この相場罫線紙は、初心者からプロまでの方がわかりやすく、ローソク足（一番多く使われている）、イカリ足の表示が「簡単正確」にできます。ローソク足は、始値より終値が高い場合は陽線と言って白で現わし、また始値より終値が安い場合は陰線と言って黒で現わしています。

　しかし、これらの表示方法では、具体的な値動きの数値が全くわからない形で判断するだけでした。図表－2

　又、方眼紙では、縦、横全体的な枡目のため区別しずらいこともあります。
　図表－3

　又、横線が値決め線による表示は、値決め線と高値・安値の表示基準が銘柄毎にわからないので不便です。

　この相場罫線紙の表示方法では、具体的値動きの数値が線組の交点・枡目等への値決め表示でわかりやすくなっています。
　図表－1

　陽線（赤色）と陰線（黒色）の色別で表示すれば大変わかりやすく、日足と週足の表示も次の色別例のようにできます。

　　陽線…日足（赤色）、週足（朱色）
　　陰線…日足（黒色）、週足（青色）

＊中線は、ヒゲ又は高値と安値を結ぶ表示用です。
＊左右線は、始値と終値の表示の幅用です。
＊横線は、値動きと出来高の表示基準、また出来高と信用取組の対照表示基準です。

(2) 十進法断続棒グラフの表示

　従来の棒グラフの欠点は、すべての数を一つずつ数えた連続棒状の表示でした。巨大な数の棒グラフは、超長大な連続棒状または多数の複線の連続棒状あるいは概略的連続棒状の表示となるために、決定的利用限度がありました。

　また従来の方眼紙、チャート紙における現物銘柄は、この決定的利用限界内の概略的連続棒状の表示に基づく出来高の表示です。従って信用銘柄の折線グラフの表示も基本的に同じであります。

　十進法を棒グラフに応用すれば、改行の原理で、桁数と桁毎の数に分解した断続棒グラフになり、棒グラフの画期的短縮化と簡単正確を達成して、統計資料などの単純明解な棒グラフ化に役立つような膨大な利用価値を実現します。即ち、出来高や信用取組を相場罫線紙の下端の三列枠の枡目の一区分から表示します。

　つまり、出来高980円を表示すれば次のようになります。9と8は太線で表示し、0は無表示とする。

(3) 出来高と信用取組の対照表示

　信用銘柄は、出来高と信用取組の対照表示が大切です。

　対照表示の配置は、次の例示のように自分なりの基準を守ることが望ましいです。

左枠	一日出来高	週間出来高
中枠	貸株	売り残
右枠	融資	買い残

　横線で分けた三列枠の枡目の十区分の長さを桁の基準とすれば、十進法の断続棒グラフで現物銘柄の出来高の表示や信用銘柄の出来高と信用取組（売り残対買い残又は貸株対融資）の対照表示が、左・中・右枠に不規則な線形として、現われます。

　この不規則な線形の中で、相場のパターンによって銘柄の値動きに密接な影響を与える形が出来ることを相場のコツとして、自然に体得できます。

　信用取組とは売り残と買い残で、毎週水曜日に東証・大証等で公開され、木曜日に業界紙に掲載〔月曜日に先週末の残りを掲載する業界紙もあります〕されます。貸株と融資は出来高に一両日遅れ、日証金・大証金・中証金等で公開され、業界紙に掲載されますが信用取組と同視するのが便利です。

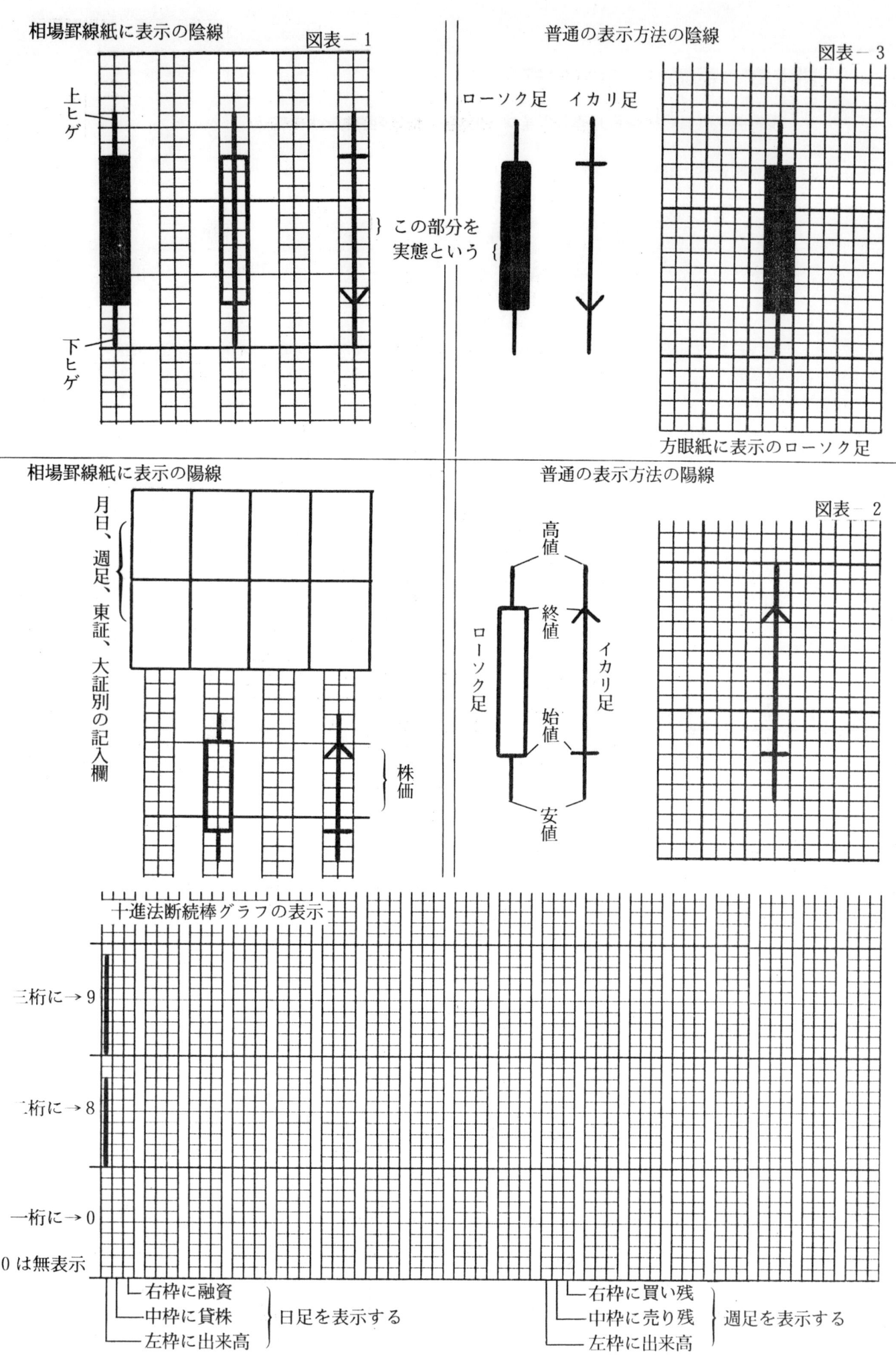

第3章　転記・表示の仕方

3．現物銘柄（日足・週足）売買ポイント発見表・相場罫線紙への転記例

(1) 業界紙からの転記

（東証一部）　　　　　機　　　　　　　械

		前		場		後		場		
銘柄	始値	高値	安値	終値	始値	高値	安値	終値		出来高	
5／30（月）池貝鉄	587	600	586	598	598	620	596	620	△32	998	高い方
5／31（火）	619	619	610	612	611	612	606	606	▲14	782	安い方
6／1（水）	610	610	606	606	609	609	600	600	▲6	502	
6／2（木）	599	606	590	595	596	600	583	583	▲17	383	
6／3（金）	600	600	593	593	593	598	590	595	△12	308	
6／4（土）	600	605	600	605					△10	176	
6／6（月）	605	605	590	600	606	606	598	598	▲7	476	
6／7（火）	606	619	605	609	612	615	610	611	△13	757	
6／8（水）	612	615	606	606	606	615	605	610	▲1	700	片一方
6／9（木）	612	615	610	611	611	614	601	605	▲5	337	
6／10（金）	606	610	595	601	598	600	586	586	▲19	321	

転記⇩

現物銘柄日足売買ポイント発見表　上場㊝東一　㊞大一

| コード | 6102 | 銘柄 | 池貝鉄 | 系列 | ツガミ | 資本金 | 30.58億円 | 発行済3% | 1649千株 | ㊦ 9月中間 ㊲・無 | ㊙日興 |

日付	始値	高値	安値	終値	出来高	日付	始値	高値	安値	終値	出来高
月日	H	T	Y	O	D	月日	H	T	Y	O	D
5 30	587	620	586	620	998	6 9	612	615	601	605	337
31	619	619	606	606	782	10	606	610	586	586	321
6 1	610	610	600	600	502	11	第	二	土	曜	日
2	599	606	583	583	383						
3	600	600	590	595	308						
4	600	605	600	605	176						
6	605	606	590	598	476						
7	606	619	605	611	757						
8	612	615	605	610	700						

転記⇩

現物銘柄週足売買ポイント発見表　㊦ 9月中間 ㊲・無

| コード | 6102 | 銘柄 | 池貝鉄 | 系列 | ツガミ | 資本金 | 30.58億円 | 発行済 | 54.958千株 | 3% 1649 |

上場㊝　東一　㊞大一　株　特色　ツガミと提携、工作機械の老舗、押出機に展開、NC旋盤が主力

日付		始値	高値	安値	終値	出来高(D)移動平均			指標	D×(T+Y)÷2移動平均			指標	買い場	売り場
月日	月日	H	T	Y	O	1週	3週	6週	D	1週	3週	6週	DTY		
5 30	6 4	587	620	583	605	3149				1,894,124					
6 6	10	605	619	586	586	2591				1,561,078					

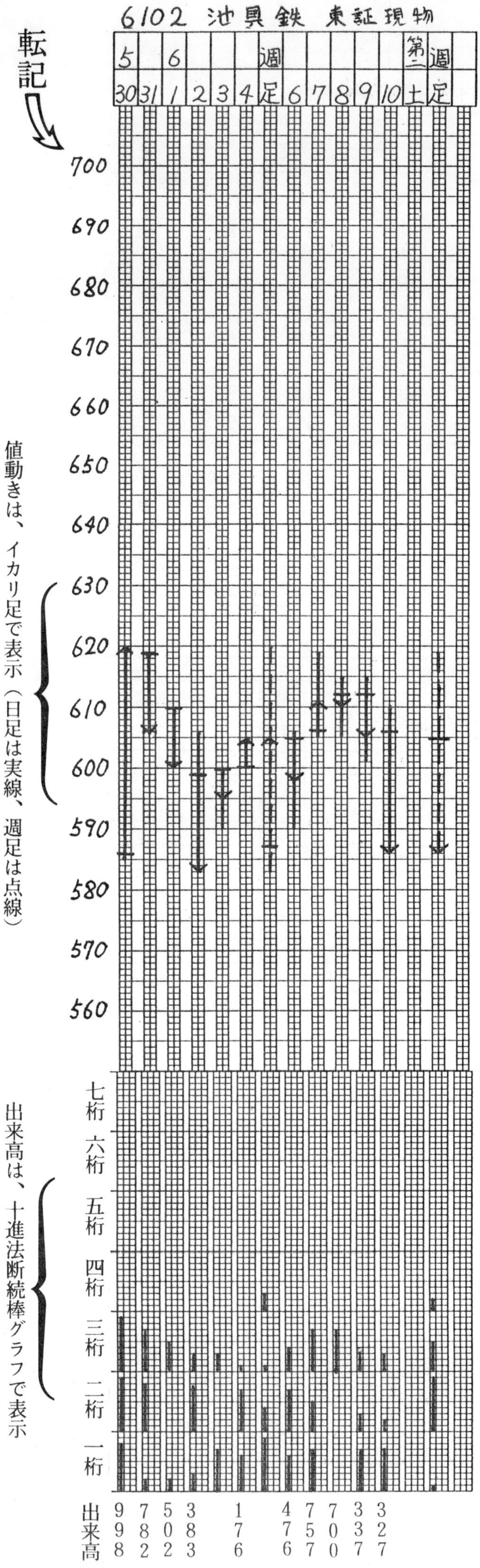

◆東証一部より転記する場合の注意
- 始値（H）は、前場のものを選んで転記する。
- 高値（T）と安値（Y）は、それぞれ前場と後場を比較して、高値はより高い方を選び、安値はより安い方を選び転記する。
- 土曜日は、前場だけであるから、そのまま順々に転記していけばよい。

◆日足から週足売買ポイント発見表に転記
- 一週間毎に始値（H）、高値（T）、安値（Y）、終値（D）をチェックして、現物銘柄週足売買ポイントと発見表に転記する。
- 一週間毎に出来高の合計を算出して、現物銘柄週足売買ポイント発見表に転記する。

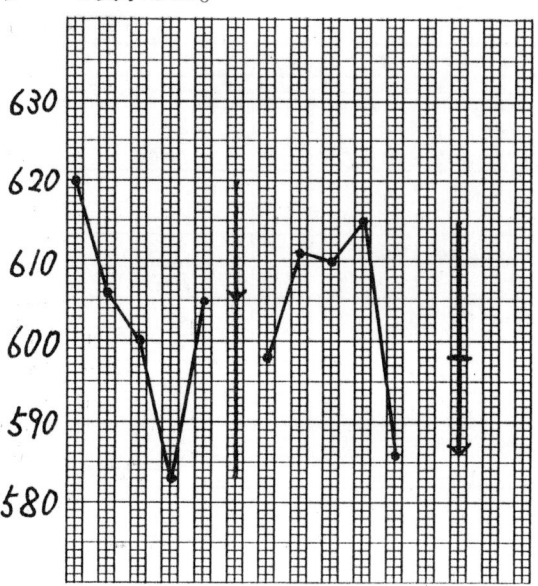

日足は折線グラフ、週足はイカリ足で表示した。

(2) 売買ポイント発見表から相場罫線紙に転記
- 値動きをイカリ足で表示し、日足を実線で現わし、週足を点線で現わしている。この場合、陽線を赤色、陰線を黒色に色別するとわかりやすい。

(3) 十進法断続棒グラフの表示
- 出来高は、線組の左下方に十進法で表示している。
  注　出来高は必ずしも左枠に表示する必要はないが、信用銘柄の場合は、左枠に出来高（D）、中枠に貸株（L）、右枠に融資（F）と表示する関係で決めている。

4．信用銘柄（日足・週足）売買ポイント発見表・相場罫線紙への転記例

(1) 業界紙からの転記

（大証一部）	機械					（大証金銭高）		
銘柄	始値	高値	安値	終値	出来高	貸株	融資	残高
5／30（月）池貝鉄	593	618	587	618	△43	75	206	524	318
5／31（火）	615	618	607	610	▲8	55	186	542	356
6／1（水）	609	609	600	600	▲10	17			
6／2（木）	600	600	590	590	▲10	46	193	521	328
6／3（金）	594	594	594	594	△4	1	193	520	327
6／4（土）	592	592	592	592	▲2	2	195	520	325
6／6（月）	592	606	590	605	△13	107	269	519	250
6／7（火）	605	612	605	607	△2	115	333	528	195
6／8（水）	610	612	605	608	△1	51	373	567	194
6／9（木）	618	618	608	610	△2	39	352	542	190
6／10（金）	615	615	590	595	▲15	17	353	534	181

信用銘柄日足売買ポイント発見表

（手書き記入例の表：コード 6102、銘柄 池貝鉄、系列 シガミ、資本金 30,58 億円、発行済 3% 1649 千株、9月中間（有・無）、日興、上場 大一、東一）

日付 月日	始値 H	高値 T	安値 Y	終値 O	出来高 D	貸株(L) 新規/返済/現在	融資(F) 新規/返済/現在	倍率
5/30	593	618	587	618	75	206	524	3
31	615	618	607	610	55	186	542	3
6/1	609	609	600	600	17			
2	600	600	590	590	46	193	521	3
3	594	594	594	594	1	193	520	3
4	592	592	592	592	2	195	520	3
6	592	606	590	605	107	269	519	2
7	605	612	605	607	115	333	528	2
8	610	612	605	608	51	373	567	2
9	618	618	608	610	39	352	542	2
10	615	615	590	595	17	353	534	2
11	第二土曜日							

524÷206＝2.54… ≒3

日足の値動きの1週間毎より、チェックして次のようにする。
- 5／30からの始値・高値・安値を転記する。
- 6／4の1週の場合の終値を転記する。
- 6／6の始値・安値を転記する。
- 6／9の高値を転記する。
- 6／10の安値・終値を転記する。
- ＊週間で一番安い方、高い方を選び転記する。

日足出来高の週間合計高を算出して、記入する。

大証信用取引週末残

	銘柄	売残	買残
6／4	池貝鉄	275	667
6／10		421	735

信用銘柄週足売買ポイント発見表

（コード 6102、銘柄 池貝鉄、系列 シガミ、資本金 30,58 億円、発行済 54,958 千株 3% 1649、上場 大一、東一、株特 シガミと提携、押出、横に展開、大山式経営再建）

日付 月日～月日	始値 H	高値 T	安値 Y	終値 O	出来高(D) 1週/3週/6週移動平均	指標 D×(T+Y)÷2 移動平均 1週/3週/6週	指標 DTY	売り残(U) 1週/3週/6週	買い残(K) 1週/3週/6週	指標 U/K DUK	買い場	売り場
5/30～6/4	593	618	587	592	196			275	667			
6/6～10	592	618	590	595	329			421	735			

(2)売買ポイント発見表から相場罫線紙に表示
前頁の東証一、大証一の二市場表示

＊二市場の銘柄の動きを同一相場罫線紙上に表示するときは、陽線・陰線を色別すると分かりやすい。

値動きは、イカリ足で表示（日足は実線、週足は点線）

十進法断続棒グラフ

第4章 発見表の活用

5．現物銘柄／信用銘柄（日足・週足）売買ポイント発見表の算出例

(1) 大証一部で取引

現物銘柄日足売買ポイント発見表　上場現 大一 信

| コード | 5359 | 銘柄 | 播磨耐 | 系列 | 新日鐵 | 資本金 | 15億円 | 発行済3% | 900千株 | 決 3月中間 有 無 | 幹 日興 大和 |

日付 月日	始値 H	高値 T	安値 Y	終値 O	出来高 D	日付 月日	始値 H	高値 T	安値 Y	終値 O	出来高 D	日付 月日	始値 H	高値 T	安値 Y	終値 O	出来高 D
1/4	333	333	333	333	5	2/1	378	379	370	370	32	3/1	390	394	386	394	59
5	333	333	330	330	9	2	370	378	370	375	8	2	393	400	390	390	95
6	337	337	333	333	9	3	377	377	371	371	35	3	395	409	393	402	207
7	340	340	330	340	15	4	374	380	373	374	88	4	410	415	402	410	190
8	340	350	340	349	20	5	371	371	360	361	30	5	415	417	407	411	97

現物銘柄週足売買ポイント発見表　決 3月中間 有 無

| コード | 5359 | 銘柄 | 播磨耐 | 系列 | 新日鐵 | 資本金 | 15億円 | 発行済 | 30,000千株 | 3% 900 |

上場現 大一 信　　株　特色 真空脱ガス用煉瓦、小会社でシリカ生産

日付 月日	月日	始値 H	高値 T	安値 Y	終値 O	出来高(D)移動平均 1週	3週	6週	指標 D	D×(T+Y)÷2移動平均 1週	3週	6週	指標 DTY	買い場	売り場
1/4	1/8	333	350	330	349	58				19720				○	
11	14	349	350	341	345	97				33514				○	
18	23	350	405	350	380	458	204			172895	75376				
25	30	384	394	371	375	218	258			83385	96598				
2/1	6	378	380	360	375	196	291			72520	109600			○	
8	12	375	390	370	371	54	156	180	-13	20250	58718	67047	-12		
15	19	375	380	372	373	73	108	183	-41	27448	40073	68335	-41	○	
22	27	370	390	370	380	79	69	180	-62	30020	25906	67753	-62		
29	3/5	390	⊕417	383	441	675	276	216	28	270338	109269	83994	30		
3/7	11	420	⊕448	420	435	941	565	336	68	408394	236251	138162	71	○	
14	18	432	432	416	419	160	592	330	79	67840	248857	137382	81	○	
21	26	425	430	415	420	156	420	348	21	67178	181137	145203	25	○	
28	4/2	415	430	410	427	208	176	370	-52	87360	74126	155188	-52	○	

現物銘柄も信用銘柄も週足売買ポイント発見表は、6週毎に赤線を引くと読み易く分かりやすい。

この銘柄は、指標（D）及びDTYが同時にプラスに転じた週（⊕印）に高値があり、その次の週に更に高値となる傾向がある。仕手筋の作戦変更（売りや買いの数的変更として現われる）があれば、この傾向は変わるが、また新しい数の指標で、その傾向がわかるようになる。

$$\frac{176-370}{370} \times 100 = -52.73\cdots \fallingdotseq -52$$

$$\frac{74126}{155188} - 1 \times 100 = -52.23\cdots \fallingdotseq -52$$

これは計算の基本数が1週間として算出されるのでこれを単純に利用するのがよい。
3週の数と6週の数も単純に利用できる。

$$\left\{\frac{3週}{6週} - 1\right\} \times 100 \text{ を指標の数にする。}$$

(2) 東証一部で取引

信用銘柄日足売買ポイント発見表

コード 5491	銘柄 日本金属	資本金 30億円	発行済 1800千株	3％中間(有) 無	上場(東) 一

			系列		新日鉄						3月中間(有) 無			上場(東) 一		
日付	始値H	高値T	安値Y	終値O	出来高D	新 買	返 済	新 現	現在L	融 返 済	現在F	倍率	日付H	始値T	高値Y	安値O	終値	出来高D	新 買	返 済	新 融 返 済	現在L	現在F	倍率
4/13	500	520	500	520	46	0	51	26		0	35	571	22	4/30	480	500	480	500	32	15	8	13	27	478	18
14	502	535	502	530	59	33	0	59		1	17	555	9	5/1	490	491	490	500	15	3	10	4	44	540	12
15	522	530	512	516	38	0	37	22		10	12	553	25	2	490	500	490	500	13	1	3	4	42	535	13
16	522	522	506	506	22	1	0	23		2	16	539	23	振替休日											
17	503	518	502	502	23	0	1	22		16	8	547	25	5	翌日										
18	第三土曜日													6	490	490	490	490	12	0	0	20	42	552	13
20	492	510	492	495	21	0	2	20		9	22	534	27	7	481	496	481	496	38	2	0	12	44	540	12
21	496	496	480	493	43	6	0	26		7	24	517	20	8	485	493	481	490	44	5	0	16	49	536	11
22	483	486	483	485	16	0	2			10	6	521	25	9	祭二土曜日										
23	490	500	480	480	34	0	5	21		9	3	527	22	11	490	500	490	495	50	7	1	22	55	532	10
24	480	485	480	485	27	3	0	24		9	1	533	25	12	495	525	492	520	129	9	0	32	64	536	8
25	485	510	485	510	16	0	3	21		0	2	547	14	13	530	548	525	540	449	62	0	77	126	478	4
27	485	485	485	485	8	19	0	40					↓	547÷40 = 13.675 ≒ 14											
28	481	481	481	481	2																				
29	日																								

これは、高値と安値の大体のところでまとめたものである。
押し目（安値）をT算にまとめて高値のチャンスにひろって、現在の利食いでは売りまとめで売るのが特策である。

コード 5491	週間 ✕	4/1	8	15	22	29	5/6	13	20	27	6/3	10	17	24	7/1	8	15	22	29	8/5	12	19	26	9/2	9	16	23	30	10/7	14	21	28	11/4	11	18	25	12/2	9	16	23	30
銘柄 日本金属	月日	4/14	5/13	5/25	6/17	6/25	7/8	7/30	8/27	9/22	10/12	11/4	11/13	11/27	12/16	12/21																										
資本金 30億円	高値	535	548	597	620	648	658	709	719	710	846	740	675	682	744	720																										
発行済 6000千株	月日	4/21	5/21	6/4	6/28	6/30	7/21	8/6	9/8	9/26	10/29	11/11	11/18	12/1	12/12	12/28																										
3％ 1/800	安値	480	500	541	576	600	595	636	641	660	600	591	625	640	683	610																										
値幅 約78円	週間 ✕	4	4	2	2	3	2	2	4	2	2	4	2	2	1	2																										
上場 東一		日																																								

株価変動周期発見表

厳選した銘柄の動きを追うときは、その動きに敏感になり、確実に小幅利食いが重要です。

合計 10/51÷15 = 679
合計 8978÷15 = 599 ┐ 差 78円×15回
             ┘ = 1170円

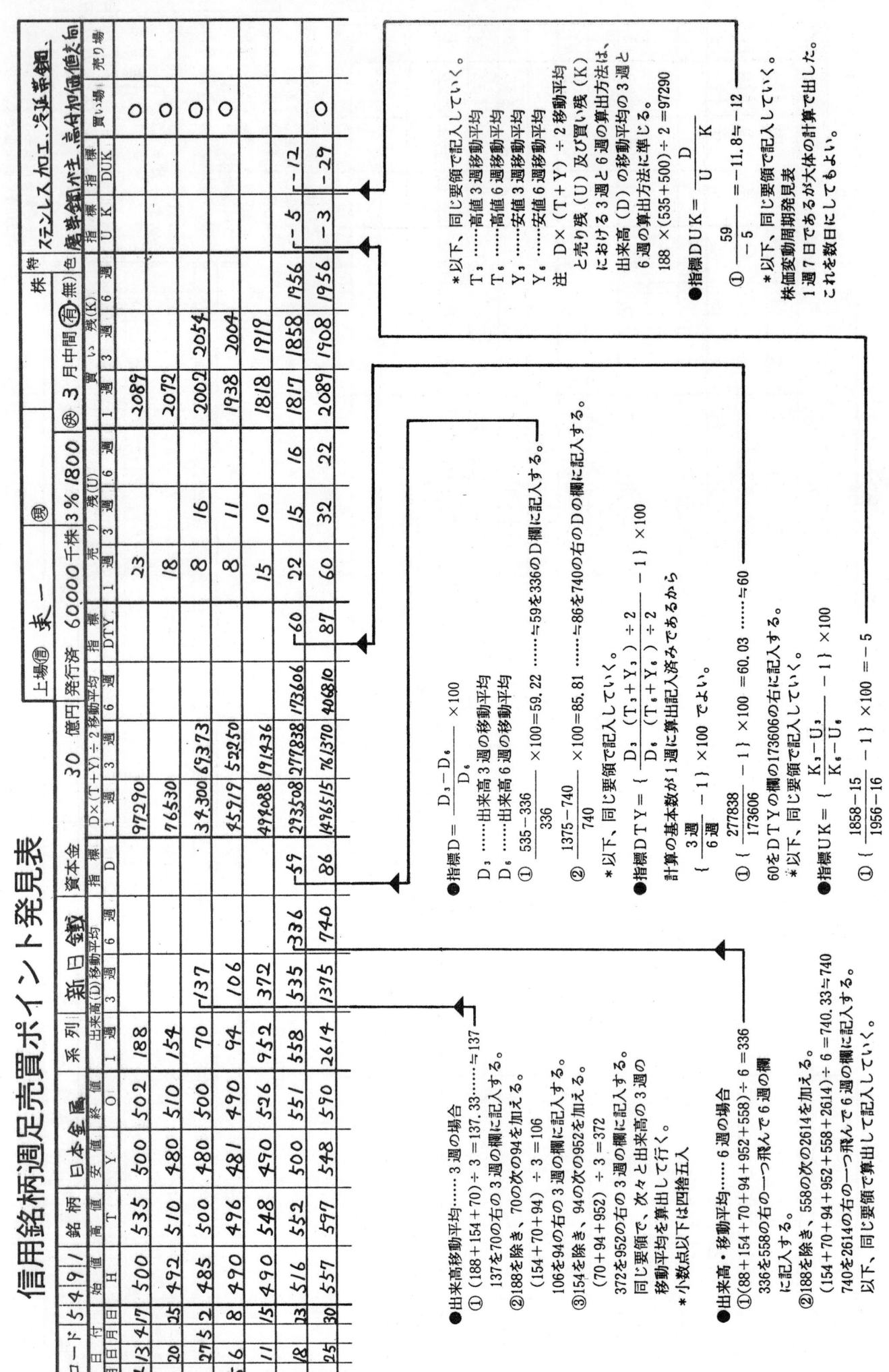

第5章　相場術の図式体得の補完

7．利食い成功へのメッセージ

(1) 相場罫線紙表示のアドバイス

相場の手作りの儲け道には、まず次の①〜④を確実に実行できるようになることです。

①最優先事項は、立場に応じて対応可能な数の底値圏の銘柄を厳選することです。

②厳選した銘柄の動きのすべてを丁寧に表示していくことです。それにより、表示過程で、銘柄の動きの総合的な真実の図式化ができます。

③表示された銘柄の動きで、底値圏を買い高値圏を売ることを確実に実行することです。

(2) 数的法則性活用の心理

相場の相手は、現実の売買時点ではどう出てくるか全くわからない不特定多数の人の決断が大部分です。この決断が後に、値動き、出来高、貸株、融資、売り残、買い残、移動平均線、各種の指標などの数として表示されます。

この表示は、投資家特有の強気と弱気、売り気と買い気に関する心理現象の結果の数的表示ですから「法則性」があります。

この「法則性」は勝利の確率を高める利用価値として、次のように分類できます。

①値動きと出来高

　証券会社に出向くとか、電話などによって、すぐに利用できます。

　業界紙の掲載も、一日遅れて利用できます。

②貸株と融資

　値動き・出来高よりも一日遅れて業界紙に掲載されます。両者の比率（倍率）の数が減少してくると株価は上昇します。

③売り残と買い残

　これの利用価値は、貸株・融資と同様ですが、毎週水曜日に公開されるために、次の公開日までの値動きが分かりにくいので困ります。この欠点を補うために、必ず貸株・融資と共に利用すべきです。

④移動平均線

　色々な移動平均が考案されていますが、それぞれに充分な利用価値が認められます。例えば、業界用のチャートを掲載した週刊誌等には、13週と26週が多く利用されています。ゴールデンクロスやデッドクロスの的中率は高いといわれていますが、その本質は、二種の移動平均線の利用ですから、相当簡単な3週と6週の場合でも、一定の計算式に基づく指標であれば、そこに法則性が発見され利用できます。

⑤指標

　複雑な数の変化を置き換えることにより複雑な銘柄の動きが簡単な数の動きとして把握できます。

　指標の計算式を色々と変更しても、その変更した式を、一定期間続ければ、必ず、一定の簡単な数の変化が、株価の上昇又は下降の暗示として把握できます。

　銘柄の動きの総合的な判断は、週足売買ポイント発見表の週足の値動きや出来高と照合させることが大切です。

(3) 適正多数資料の必要性

株式売買は、常に大切な自分の財産に損得を及ぼす決断と実行の積み重ねが勝敗の分れ目となる確率の勝負です。

この確率を高めることが、相場必勝のコツであり、そのために、数的法則性の心理を活用した合理的で総合的な必要最小限度の適正多数資料を必要とします。

不明瞭な感や噂や他人の言いなり等に頼ってはいけません。

株式売買における適正多数資料とは、値動き・出来高、貸株・融資、倍率、売り残・買い残の数の変化と二種の移動平均及びこれを簡単適切に利用した合理的必要最小限度の指標です。

常に、これに基づいた銘柄の動きの総合的判断をしながら、その時その時の相場状況の中で安値買いタイミングと利食い売りタイミングを狙ってモノにするわけです。

決断による実行は一つでも、その根拠が総合的判断のための適正多数資料であれば、安全成功率は飛躍的に上昇します。この資料の一環として、週末に二種の移動平均数値と各指標を算出して利用することが重要です。

(4) 売買の決断と実行

売買の決断と実行は、毎日（状況によっては時間又は分単位）の値動きと出来高を中心としますから、週末に算出する二種の移動平均数値、各指標は、次週以後の売買のための補助資料とします。値動きと出来高の変化が、各指標の変化にどのような反

復と周期を現わしてくるかに注目して、それぞれを売買ポイント発見表に表示し、図式体得に進むことが、銘柄の動きの読みと売買の決断と実行を有利にするための必須条件です。

指標等の急変は、事情通の内緒話がニュース以前に噂として拡大され始めた場合とかであり、仕手筋の売り逃げ始め、又は買い始めにおける異変であり、これをシグナルの場合として受け止めることが出来れば、その時点の安値買い又は利食い売りの実行のタイミング狙いとして利用できます。

売買時点の相手は、相互にほとんど正体不明の不特定多数の人の様々に変化している心であって、利食いの値幅や強気と弱気にも個人差があります。ですから指標に画一的統一的な数を設定しても、弾力的な考えに基づく決断と実行に注意することが大切です。

最も大切なことは、利が乗れば利食いのタイミング狙いのみに徹底することです。

利食い心の徹底的向上の始めは、利がある限り、気軽に売る決断と実行を心得ているうちに、売った後の値動きや出来高等を、反省資料として、熱心に追求していれば、「売ってよかった」ことや「もっと取れる」ことが、日時の経過と共に自然に体得できるものです。

売買の実情は、利食いの成功か失敗かの現実ですから、利食いの成功の実現を確実に積み重ねる体験の中から自分なりの成功術を体得しなければなりません。

安値を拾って買い、売りを焦らずにじっくりと待って、タイミングは発行株数の約３％の出来高となれば思い切って売る決断が必要です。

2000株以上の株数であれば、1000株ずつでも売って現実の利を取ることが大切です。

出来高の少ない銘柄を探し、それが安値圏か高値圏かを調べ、安値圏であれば買ってもよく、低位銘柄の再建途上であれば、その銘柄としては高値圏であっても、押し目を拾っているうちに、株価は上昇し始めるのです。２～３週間ないし７～８週間は焦らないのもコツです。

(5) 株価急上昇パターンの裏側

昔は、仕手戦と言われる空売りと空買いの勝負がよくありました。そして、個人投資家の空売りを誘って、仕手筋が踏み上げる方法もありました。これが「空売りは恐ろしい」と言われるところです。

期限付き債務（返済期限付きの借金等）で行先不安の取引をすることは、大変危険な行為です。

現在は、現実の買い占めによる最も単純な方法を実行する仕手筋も多くなりました。

素人や個人投資家は、常に、このパターンを発見して便乗する現物買いが得策でしょう。

現物買いは、銘柄の上場された市場であれば、どこでも売買できます。例えば、東証信用、大証現物銘柄（日本金属など）は、安値市場を調べてから買い、売るときも、どちらかの高いほうで売ることが、予想外に知られていないけれども、儲けを少しでも多くするコツとして大切です。

安全のためには、分散投資と確実な利食いの実行の徹底が、資金効率の回転向上によいと言われています。

―― あとがき ――

　この相場罫線紙による線組は、表示方法が簡単で、値動きの読みも正確にわかるよう構成されている考案であり、これにローソク足、イカリ足の要点や相場のポイント、値動きの表示、断続棒グラフ、値動き、出来高、信用取組、売買の決断のポイントなどの表示方法を解説している画期的なものです。

　特に株式市場を取り巻く環境や情報は不透明であるために、多くの投資家は株価のタイミングを失ったり、又儲けの時期を納得したときには既に終りに近いことが多い。これは正確な情報や会社のクセ、売買時期などの科学的な方法をつかんでいないからです。そこでこの正確な情報をつかむことに大いに役立つ相場罫線紙を発行する運びになりました。

　　　　　　　　　　　　　　　　　　　　　　　　ましば寿一

　この相場罫線紙に対する簡単正確な表示の熱意の有無が、投資家の相場術の図式体得の有・無（儲けの上手・下手）となるでしょう。

　このことは、簡単正確なカルテの記載の熱意の有無が医師の技量の有無となることに匹敵します。

　相場術は、この図式体得を元にした練習の積み重ねが大切です。

　相場術は練習と言えども現実の金銭の損得を忘れず、決して甘い考えをもたず、多少の思い違いはあっても、底値圏で買い、高値圏で売るための思い切りの良さが大切です。

　この相場罫線紙を徹底的に利用しながら、相場術の向上のための実践的努力をされる投資家諸氏は、御自身で厳選された複数の銘柄の底値圏に迫って買い、高値圏で売りながら、より底値圏を買い、より高値圏で売ることができる相場術を、経験法則的に図式体得されるでしょう。

　そして、株式市場の中の資金の流れの大要をつかむことができるでしょう。

　　　　　　　　　　　　　　　　　　　　　　　　小柴直右

現物銘柄日足売買ポイント発見表

上場㊙　　㊙

| コード | | | 銘柄 | | 系列 | | 資本金 | | 億円 | 発行済3% | | 千株㊙ | 月中間(有・無) | ㊙ |

| 日付 | 始値 | 高値 | 安値 | 終値 | 出来高 | 日付 | 始値 | 高値 | 安値 | 終値 | 出来高 | 日付 | 始値 | 高値 | 安値 | 終値 | 出来高 |
| 月日 | H | T | Y | O | D | 月日 | H | T | Y | O | D | 月日 | H | T | Y | O | D |

現物銘柄日足売買ポイント発見表

現物銘柄日足売買ポイント発見表　上場㈲　㈲

| コード | | | 銘　柄 | | 系　列 | | 資本金 | | 億円 | 発行済3% | | 千株㈹ | 月中間(有・無)㈲ |

| 日付 | | 始　値 | 高　値 | 安　値 | 終　値 | 出来高 | 日付 | | 始　値 | 高　値 | 安　値 | 終　値 | 出来高 | 日付 | | 始　値 | 高　値 | 安　値 | 終　値 | 出来高 |
| 月 | 日 | H | T | Y | O | D | 月 | 日 | H | T | Y | O | D | 月 | 日 | H | T | Y | O | D |

現物銘柄日足売買ポイント発見表

上場㊜　㊞

| コード | | | 銘柄 | | 系列 | | 資本金 | | 億円 | 発行済3% | | 千株㊹ | 月中間(有・無) | ㊤ |

日付	始値	高値	安値	終値	出来高	日付	始値	高値	安値	終値	出来高	日付	始値	高値	安値	終値	出来高
月日	H	T	Y	O	D	月日	H	T	Y	O	D	月日	H	T	Y	O	D

現物銘柄日足売買ポイント発見表

上場㊥　　㊞

| コード | | | 銘柄 | | 系列 | | 資本金 | | 億円 | 発行済3% | | 千株㊋ | | 月中間(有・無) | ㊝ |

現物銘柄日足売買ポイント発見表　上場㊥　㊡

| コード | | | 銘　柄 | | 系　列 | | 資本金 | 億円 | 発行済3% | 千株㊗ | 月中間(有・無)㊗ |

現物銘柄日足売買ポイント発見表

上場㊋　㊞

| コード | 銘柄 | 系列 | 資本金 | 億円 | 発行済3% | 千株㊗ | 月中間(有・無)㊙ |

現物銘柄日足売買ポイント発見表

上場現　　㊞

| コード | | | 銘柄 | | 系列 | | 資本金 | 億円 | 発行済3% | 千株㊫ | 月中間(有・無)㊡ |

| 日付 | 始値 | 高値 | 安値 | 終値 | 出来高 | 日付 | 始値 | 高値 | 安値 | 終値 | 出来高 | 日付 | 始値 | 高値 | 安値 | 終値 | 出来高 |
| 月 日 | H | T | Y | O | D | 月 日 | H | T | Y | O | D | 月 日 | H | T | Y | O | D |

現物銘柄日足売買ポイント発見表

| コード | | | 銘柄 | | 系列 | | 資本金 | 億円 | 発行済3% | 千株 | 月中間(有・無) |

| 日付 | 始値 | 高値 | 安値 | 終値 | 出来高 | 日付 | 始値 | 高値 | 安値 | 終値 | 出来高 | 日付 | 始値 | 高値 | 安値 | 終値 | 出来高 |
| 月 日 | H | T | Y | O | D | 月 日 | H | T | Y | O | D | 月 日 | H | T | Y | O | D |

現物銘柄週足売買ポイント発見表

㊙　月中間(有・無)

| コード | | | 銘柄 | | 系列 | | 資本金 | | 億円 | 発行済 | | 千株 | 3% |

上場㊝　　㊟　　　　　　　株　特色

日付				始値	高値	安値	終値	出来高(D)移動平均			指標	D×(T+Y)÷2移動平均			指標	買い場	売り場
月	日	月	日	H	T	Y	O	1週	3週	6週	D	1週	3週	6週	DTY		

現物銘柄週足売買ポイント発見表

決　月中間(有・無)

| コード | | | 銘柄 | | 系列 | | 資本金 | | 億円 | 発行済 | | 千株 | 3% |

上場現　　㊞　　　　　　　　　　株　特色

日付				始値	高値	安値	終値	出来高(D)移動平均			指標	D×(T+Y)÷2 移動平均			指標	買い場	売り場
月	日	月	日	H	T	Y	O	1週	3週	6週	D	1週	3週	6週	DTY		

現物銘柄週足売買ポイント発見表

決　月中間(有・無)

コード	銘柄	系列	資本金	億円 発行済	千株 3%

上場 現 信　　　　　　　　　　　株　特色

日付		始値	高値	安値	終値	出来高(D)移動平均			指標	D×(T+Y)÷2移動平均			指標	買い場	売り場
月 日	月 日	H	T	Y	O	1週	3週	6週	D	1週	3週	6週	DTY		

現物銘柄週足売買ポイント発見表

決　月中間(有・無)

| コード | | | 銘柄 | | 系列 | | 資本金 | | 億円 | 発行済 | | 千株 | 3% |

上場㊜　㊡　　　　　　　　株　特色

日付				始値	高値	安値	終値	出来高(D)移動平均			指標	D×(T+Y)÷2移動平均			指標	買い場	売り場
月	日	月	日	H	T	Y	O	1週	3週	6週	D	1週	3週	6週	DTY		

信用銘柄日足売買ポイント発見表

コード	銘柄	系列	資本金 億円	発行済 3%	千株	月中間(有・無)	上場(信)		

信用銘柄日足売買ポイント発見表

コード	銘柄	始値 H	高値 T	安値 Y	終値 O	出来高 D	系列	資本金 億円	発行済 3%	日付 月日	融資 新規	返済	(L) 現在	貸株 新規	返済	(F) 現在	倍率	上場 (信) 融資 新規	返済	(F) 現在	月中間(有・無) 貸株 新規	返済	(L) 現在	千株 (逆) 始値 H	高値 T	安値 Y	終値 O	出来高 D	倍率

信用銘柄日足売買ポイント発見表

コード	銘柄	系列	資本金 億円	発行済 3%	千株	月中間(有・無)	上場 信		倍率

信用銘柄日足売買ポイント発見表

| コード | 銘柄 | 系列 | 資本金 億円 発行済 3% | 千株 | 月中間(有・無) | 上場(信) |

信用銘柄日足売買ポイント発見表

| コード | 銘柄 | 系列 | 資本金 億円 発行済 3% | 千株 ㊟ | 月中間(有・無) ㊝ | 上場 ㊡ | ㊝ |

信用銘柄日足売買ポイント発見表

信用銘柄日足売買ポイント発見表

信用銘柄日足売買ポイント発見表

コード	銘柄					系列	資本金		億円	発行済3%			千株			終値	出来高	月中間(有・無)				上場(信)				
日付	始値	高値	安値	終値	出来高	貸株(L)		融資(F)		倍率	日付	始値	高値	安値	終値	出来高	貸株(L)		融資(F)		倍率
月日	H	T	Y	O	D	新規	返済現在	新規	返済現在		月日	H	T	Y	O	D	新規	返済現在	新規	返済現在	

信用銘柄週足売買ポイント発見表

コード		銘柄			系列				資本金				発行済				千株 3%				月中間(有·無)				株				
									億円										上場(信)				㊝				待		
日 行	始値	高値	安値	終値	出来高(D)移動平均			指標	D×(T+Y)÷2移動平均			指標	売り残(U)				買い残(K)				指標	指標						
月日 月日	H	T	Y	O	1週	3週	6週	D	1週	3週	6週	DTY	1週	3週	6週	1週	3週	6週	U	K	DUK	買い場	売り場	色

信用銘柄週足売買ポイント発見表

コード	銘柄				系列				資本金				上場(信) 発行済				㊷ 千株 3%				㊷ 月中間(有・無)				株 特			
	銘柄	高値 T	安値 Y	終値 O	出来高(D)移動平均				指標 D	D×(T+Y)÷2移動平均			億円 指標 DTY				売り残(U)			買い残(K)			指標 UK	指標 DUK	買い場	売り場
					1週	3週	6週			1週	3週	6週		1週	3週	6週	1週	3週	6週	1週	3週	6週				
日付 月日	始値 H																									

信用銘柄週足売買ポイント発見表

コード	日付	銘柄	系列	資本金	億円 発行済	千株 3%	通	月中間(有・無)	株枠	上場信
	月日	始値 安値 終値 高値 H Y O T	出来高(D)移動平均 1週 3週 6週	指標 D	指標 D×(T+Y)÷2移動平均 1週 3週 6週	指標 DTY 1週 3週 6週	売り残(U) 1週 3週 6週	買い残(K) 1週 3週 6週	指標 UK	指標 DUK	買い場 売り場

信用銘柄週足売買ポイント発見表

コード	銘柄				系列				資本金	指標				億円 発行済	指標				千株 3%				⑫				月中間(有・無)(K)	株	指標	指標	指標	株待
	銘柄	始値 H	高値 T	安値 Y	終値 O	出来高(D)移動平均				上場⑮	D	D×(T+Y)÷2移動平均				DTY	売り残(U)				買い残(K)				色	U	K	DUK	買い場 売り場
月日					1週	3週	6週				1週	3週	6週			1週	3週	6週		1週	3週	6週							

株価変動周期発見表

株価変動周期発見表

株価変動周期発見表

株価変動周期発見表

七桁 六桁 五桁 四桁 三桁 二桁 一桁

IDF

七桁
六桁
五桁
四桁
三桁
二桁
一桁

IDF

七桁 六桁 五桁 四桁 三桁 二桁 一桁

IDF

七桁
六桁
五桁
四桁
三桁
二桁
一桁

IDF

七桁 六桁 五桁 四桁 三桁 二桁 一桁

IDF

七桁 六桁 五桁 四桁 三桁 二桁 一桁

IDF

七桁 六桁 五桁 四桁 三桁 二桁 一桁

IDF

七桁 六桁 五桁 四桁 三桁 二桁 一桁

IDF

七桁 六桁 五桁 四桁 三桁 二桁 一桁

IDF

七桁 六桁 五桁 四桁 三桁 二桁 一桁

IDF

七桁 六桁 五桁 四桁 三桁 二桁 一桁

IDF

七桁
六桁
五桁
四桁
三桁
二桁
一桁

IDF

七桁 六桁 五桁 四桁 三桁 二桁 一桁

IDF

七桁 六桁 五桁 四桁 三桁 二桁 一桁

IDF

七桁 六桁 五桁 四桁 三桁 二桁 一桁

IDF

七桁 六桁 五桁 四桁 三桁 二桁 一桁

IDF

七桁 六桁 五桁 四桁 三桁 二桁 一桁

IDF

七桁
六桁
五桁
四桁
三桁
二桁
一桁

IDF

七桁 六桁 五桁 四桁 三桁 二桁 一桁

IDF

七桁 六桁 五桁 四桁 三桁 二桁 一桁

IDF

あとがき

本書の初版は１９８８年８月３０日発行で当時一店舗の専門店で７０冊以上売れた本です。その後、日本経済新聞にて約１年間宣伝され「業界紙からの株式情報を売買ポイント発見表に転記し、売買のタイミングの時期を知る用紙を定価 11,000 円で発売し、初心者からプロ、証券会社などから好評を得た。」完売後、著者の指示で内容一部改訂した。このころパソコン、インターネットの影響で発行・日経本紙への宣伝を断念し、保留になった。しかし、最近のパソコン、インターネットからの情報では株の売買の時期（生き物の正体）を予知することは難しいことが分かって来た。本書の株価予測で儲けている人からの情報として、売買の時期を体で覚えれば儲けに繋がるとのことです。従って、「体で覚える（相場の図式体得）」を改訂とし、発行に至った。

株価予測 相場の図式体得 相場罫線紙 （改訂版）

定価(本体 5,000 円＋税)

２０１２年（平成２４年）８月１６日発行

著 者・考案者／小 柴 直 右　　Ⓒ Printed in Japan

発 行 人／ましば 寿一

発 行 所／**I D F**
(INVENTION DEVELOPMENT FEDERATION)
発明開発連合会

〒150 東京都渋谷区渋谷2-2-13
電話03-3498-0751㈹
振替　東京 0 - 131723

ISBN978-4-938480-69-1　C0033　No.00006